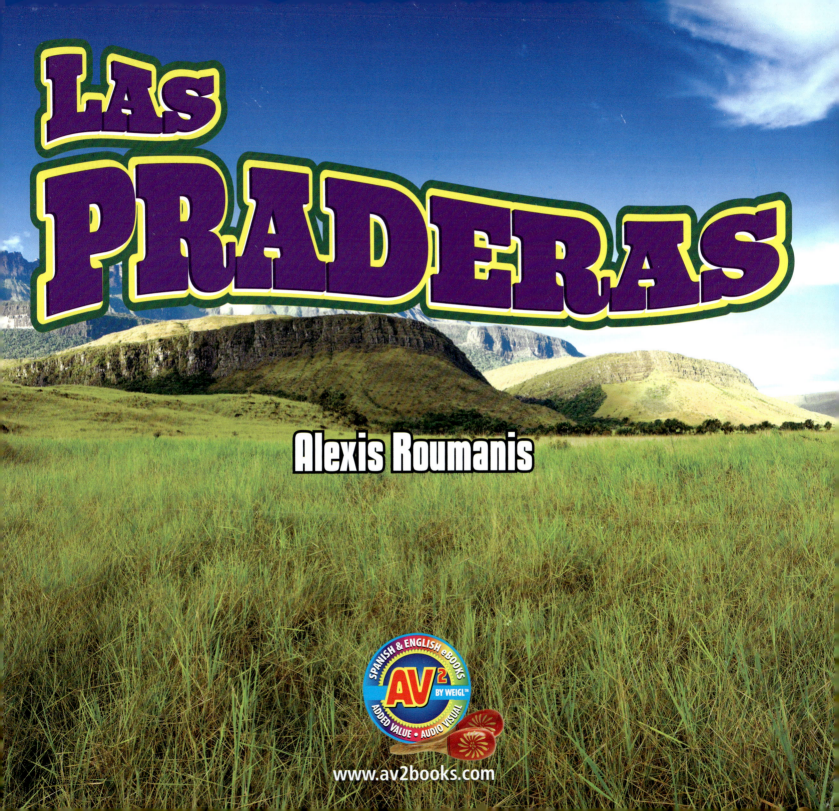

LAS PRADERAS

Alexis Roumanis

Visita nuestro sitio **www.av2books.com** e ingresa el código único del libro.

Go to www.av2books.com, and enter this book's unique code.

CÓDIGO DEL LIBRO
BOOK CODE

D 2 7 5 6 8 3

AV² de Weigl te ofrece enriquecidos libros electrónicos que favorecen el aprendizaje activo. AV² by Weigl brings you media enhanced books that support active learning.

El enriquecido libro electrónico AV² te ofrece una experiencia bilingüe completa entre el inglés y el español para aprender el vocabulario de los dos idiomas.

This AV² media enhanced book gives you a fully bilingual experience between English and Spanish to learn the vocabulary of both languages.

Spanish

English

Navegación bilingüe AV²
AV² Bilingual Navigation

OPCIÓN DE IDIOMA
LANGUAGE TOGGLE

CHANGE LANGUAGE
ENGLISH SPANISH

CAMBIAR LA PÁGINA
PAGE TURNING

BACK NEXT

CERRAR
CLOSE

INICIO
HOME

VISTA PRELIMINAR
PAGE PREVIEW

LAS PRADERAS

ÍNDICE

3

**Esta es una pradera.
Una pradera es una gran porción
de tierra donde crece más pasto
que otras plantas.**

Las praderas ocupan gran parte de la Tierra. Suelen encontrarse en el centro de los grandes continentes o cerca de los desiertos.

Las sabanas de África son las praderas tropicales más grandes del mundo.

Las praderas tienen un suelo profundo que se usa para cultivo y cría de animales. Algunas praderas tienen veranos cálidos e inviernos fríos. Otras, son cálidas todo el año.

Las praderas no reciben la suficiente cantidad de lluvia como para que se formen bosques.

Las abejas melíferas se alimentan de las flores.

Los avestruces y las cebras se ayudan mutuamente observando y escuchando a los depredadores.

Los picabueyes africanos ayudan a las cebras a estar limpias.

El ecosistema de la pradera es un lugar formado por animales y plantas que se necesitan mutuamente para vivir.

Las mangostas comen los insectos de los jabalíes verrugosos.

Las hormigas picadoras protegen a las hojas de las acacias de las jirafas hambrientas.

Las plantas son muy importantes en el ecosistema de la pradera. Sirven de alimento y refugio para los animales que viven allí.

La cosecha de pasto de avena es muy importante en Australia.

Los girasoles pueden medir más de 10 pies (3 metros) de altura.

El trigo es la planta alimenticia que más se cultiva.

El maíz pertenece a la familia de las gramíneas.

Los animales usan las acacias para protegerse del sol.

Los elefantes son los animales terrestres más grandes del mundo.

Los búhos de madriguera pueden imitar el sonido de la serpiente para ahuyentar a los depredadores.

Las leonas cazan en grupo para atrapar animales grandes.

14

En las praderas, las cebras suelen vivir en grupos de hasta 10.000 cebras.

En las praderas viven muchos tipos de animales diferentes.

Los jabalíes verrugosos tienen dientes especiales para pastar.

15

Los animales suelen mudarse de un lugar a otro en busca de agua y comida. El mayor movimiento de animales del mundo ocurre en la planicie del Serengueti, en África.

Los incendios son la forma que tiene la naturaleza de renovar las praderas.

La mayoría de las praderas de América del Norte se usan para la agricultura. Actualmente, quedan muy pocas praderas naturales.

Los animales deben encontrar nuevos hogares cuando la gente usa las praderas para construir casas y granjas.

Los granjeros a menudo plantan pasto en las antiguas tierras de cultivo. Esto permite que las praderas estén listas para que los animales puedan volver a vivir allí.

Muchas veces, la gente ayuda a que los animales de la pradera perdidos regresen a sus hogares.

Cuestionario sobre las praderas

Descubre qué has aprendido sobre los ecosistemas de las praderas.

Encuentra estos animales y plantas de la pradera en el libro. ¿Cómo se llaman?

¡Visita www.av2books.com para disfrutar de tu libro interactivo de inglés y español!

Check out www.av2books.com for your interactive English and Spanish ebook!

1 **Entra en www.av2books.com**
Go to www.av2books.com

2 **Ingresa tu código**
Enter book code

D 2 7 5 6 8 3

3 **¡Alimenta tu imaginación en línea!**
Fuel your imagination online!

www.av2books.com

Published by AV² by Weigl
350 5th Avenue, 59th Floor New York, NY 10118
Website: www.av2books.com

Library of Congress Control Number: 2015953881

ISBN 978-1-4896-4311-7 (hardcover)
ISBN 978-1-4896-4312-4 (single-user eBook)
ISBN 978-1-4896-4313-1 (multi-user eBook)

Printed in the United States of America in Brainerd, Minnesota
1 2 3 4 5 6 7 8 9 0 19 18 17 16 15

112015
101515

Project Coordinator: Jared Siemens
Spanish Editor: Translation Cloud LLC
Designer: Mandy Christiansen

Every reasonable effort has been made to trace ownership and to obtain permission to reprint copyright material. The publisher would be pleased to have any errors or omissions brought to its attention so that they may be corrected in subsequent printings.

Weigl acknowledges iStock and Getty Images as the primary image suppliers for this title.